# 셰익스피어처럼
# 언어 마법사 되기

# 셰익스피어처럼
# 언어 마법사 되기

**초 판 1쇄** 2024년 09월 06일

**지은이** 김연준
**펴낸이** 류종렬

**펴낸곳** 미다스북스
**본부장** 임종익
**편집장** 이다경, 김가영
**디자인** 임인영, 윤가희
**책임진행** 이예나, 김요섭, 안채원

**등록** 2001년 3월 21일 제2001-000040호
**주소** 서울시 마포구 양화로 133 서교타워 711호
**전화** 02) 322-7802~3
**팩스** 02) 6007-1845
**블로그** http://blog.naver.com/midasbooks
**전자주소** midasbooks@hanmail.net
**페이스북** https://www.facebook.com/midasbooks425
**인스타그램** https://www.instagram.com/midasbooks

ISBN 979-11-6910-783-9 13700

값 **17,000원**

**미다스북스**는 다음세대에게 필요한 지혜와 교양을 생각합니다.

## 김연준 선생님

　김연준 선생님은 저서 『잘 쓰겠습니다』와 『나는 글쓰기 산을 오르는 프로작가입니다』를 출간한 작가이자, 온라인 전문가 플랫폼 '숨고'와 초등학생을 위한 온라인 플랫폼 '꾸그'에서 글쓰기 강사로 활동하고 있습니다.

　김연준 선생님은 초등학생 때의 글쓰기 즐거움을 다시 찾기 힘들다고 믿으며, 글쓰기 능력을 갖춘 초등학생의 미래는 무궁무진하다고 생각합니다. 자기표현의 수단을 가진 사람은 진정 행복한 법이니까요.

　많은 학생들과의 글쓰기 수업을 통해 초등학생들과 함께하는 시간이 가장 보람 있음을 깨달았습니다. 이 교재, 『셰익스피어처럼 언어 마법사 되기』는 더 많은 초등학생들의 글쓰기에 꿈의 날개를 달아주기 위해 집필되었습니다.

# 목차

여러분, 안녕하세요! 오늘 여러분을 글쓰기의 모험으로 초대하려고 합니다. 이 모험은 바로 '언어의 마법'을 배우는 여행이에요. 우리는 이 여행을 세상에서 가장 멋진 언어 마법사, 바로 윌리엄 셰익스피어 할아버지와 함께할 거예요.

초등학생을 가르치면서 그들의 상상력과 창의력에 놀랐던 적이 한두 번이 아니에요. 초등학생들이 가진 무한한 잠재력을 발휘할 수 있도록 도와주고 싶어요. 초등학생들의 가능성을 높이 평가해 수준 있는 글쓰기 책을 집필하고 싶었지요. 이 책은 초등학생은 물론 어른들까지도 풀 수 있어요. 글쓰기의 기초는 어딜 가나 상관없이 만능으로 똑같으니까요.

초등학생들이 글쓰기를 수학 문제 푸는 것처럼 답을 맞추는 게 아닌 놀이이자 예술로 여겼으면 좋겠다는 바람에, 글로서 예술을 빚은 대문호 셰익스피어 할아버지를 이 책에 데려왔어요. 문학의 거장 셰익스피어를 초대하여 그의 지혜와 영감을 담았습니다.

셰익스피어 할아버지는 수백 년 전, 영국에서 살았던 사람으로, 아주 특별한 언어 마법사였어요. 글로 사람들의 마음을 사로잡고, 사람들의 상상력에 날개를 달아 펼치게 했죠. 셰익스피어 할아버지는 연극과 시를 통해 사람들에게 기쁨과 슬픔, 웃음과 눈물을 선사했어요. 그의 작품들은 지금도 전 세계에서 사랑받고 있답니다.

우리가 오늘날 사용하는 많은 단어들까지 만들어냈어요. 여러분이 잘 알고 있는 힙한 '스웨그'라는 단어도 바로 셰익스피어 할아버지가 처음으로 사용한 단어예요! 바로 그의 작품 〈한 여름밤의 꿈〉의 3장 1막에 등장하죠. swag로 명사처럼 쓰이거나, 노래 가사에도 들어가죠. 하지만 원조는 셰익스피어랍니다! 그의 마법 같은 언어는 여전히 우리의 일상에서 함께 하고 있습니다.

셰익스피어 할아버지의 언어 마법은 단순히 단어를 만드는 것에 그치지 않았어요. 그는 단어를 조

합해 아름다운 문장을 만들고, 사람들의 마음을 움직이는 글을 썼어요. 그의 작품에는 사랑, 우정, 용기, 배신 등 다양한 감정들이 담겨 있어요. 이 감정들은 시대와 장소를 초월해 우리에게 다가와요. 그래서 셰익스피어 할아버지의 작품은 오랜 시간이 지나도 여전히 많은 사람들에게 감동을 주고 있는 거예요.

이 책에서는 여러분이 언어의 마법을 어떻게 사용하고, 멋진 이야기를 만들어낼 수 있는지 알려줄 거예요. 셰익스피어 할아버지가 남긴 지혜와 기술을 배우면서, 여러분도 언어 마법사가 될 수 있답니다. 멋지지 않나요?

우리는 『셰익스피어처럼 언어마법사되기』를 통해 재미있는 이야기와 멋진 단어들을 배우고, 직접 글을 쓰며 언어의 마법을 연습할 거예요. 마치 마법사들이 주문을 외워 마법을 부리는 것처럼, 우리는 단어와 문장을 사용해 세상에 없던 이야기를 만들어낼 거예요.

여러분도 셰익스피어 할아버지처럼 언어 마법사가 되고 싶지 않나요? 여러분은 글쓰기의 기본부터 배울 거예요. 단어의 선택, 문장의 구성, 이야기의 흐름을 배우면서, 점점 더 멋진 글을 쓸 수 있게 될 거예요. 여러분의 상상력을 발휘해 새로운 세계를 창조해 보세요. 그리고 그 세계를 다른 사람들과 나누며 즐거움을 느껴 보세요.

이제 모험을 시작해 볼까요? 준비되었나요? 셰익스피어 할아버지와 함께 떠나는 언어 마법의 세계로 한 발짝 내딛어 봅시다. 여러분 모두가 멋진 언어 마법사가 될 수 있도록 셰익스피어 할아버지와 제가 도와줄게요!

김연준 선생님

# 셰익스피어의 글쓰기 비법을 배우자!

**셰익스피어** 저는 글을 쓰는 게 정말 좋아요. 성서와 오비디우스의 『변신 이야기』는 제 상상력의 원천이었답니다! 수많은 고전을 읽고 즐겁게 글을 쓰다가 학교에서 내준 숙제를 깜빡한 적도 있지요. 그 때문에 선생님께 혼나는 일도 많았어요. 이렇듯 글쓰기는 저를 몰입하게 해주는 행위예요. 저는 글을 쓸 때 내면으로 빠져들고, 새로운 아이디어와 감정을 발견해요. 쓰는 동안에는 시간이 멈추는 듯한 느낌을 받아요. 그리고 글을 마무리할 때는 자신감과 만족감으로 가득 차 있죠. 여러분에게 있어 글쓰기는 어떤 의미를 지니나요? 자유롭게 적어보세요.

1. 나에게 있어 글쓰기란 무엇인지 써보세요.

2. 글을 쓰면 어떤 점이 좋은지 써보세요.

3. 글쓰기에 도전했던 경험과 그로 인해 얻은 것에 대해 써보세요.

4. 글을 쓸 때 내 마음속에 솟구치는 감정은 어떤 것들이 있는지 써보세요.

예시 답안

1. 나에게 있어 글쓰기란 무엇인지 써보세요.

   ex 글쓰기란 내 생각을 전달하는 도구이다.
   ex 글쓰기란 다른 사람과 소통하는 도구이다.

2. 글을 쓰면 어떤 점이 좋은지 써보세요.

   ex 글을 쓰면 내 생각이 깔끔하게 정리되는 느낌이 든다.
   ex 한 편의 글을 완성하고 나면 성취감을 느낄 수 있다.

3. 글쓰기에 도전했던 경험과 그로 인해 얻은 것에 대해 써보세요.

   ex 교내에서 주최한 백일장에 참가했다가 장려상을 받았다.
   ex 독후감 쓰기 대회에 나가서 우수상을 받았다.

4. 글을 쓸 때 내 마음속에 솟구치는 감정은 어떤 것들이 있는지 써보세요.

   ex 막히는 부분이 생기면 괴로운 감정이 든다.
   ex 술술 써지는 부분을 만나면 즐거운 감정이 든다.

**셰익스피어** 여러분도 멋진 글쓰기 비법을 알고 싶죠? 저처럼 멋지게 글을 쓰는 방법을 알려드릴게요. 글을 잘 쓰면 무엇이 좋을까요? 남들에게 멋있게 보일 뿐만 아니라 자신의 생각과 감정을 더욱 명확하고 효과적으로 표현할 수 있습니다. 좋은 글은 사람들의 마음을 움직이고, 때로는 인생을 변화시키기도 하죠. 그래서 글쓰기는 단순한 기술을 넘어, 중요한 역할을 하는 예술이 될 수 있습니다. 제가 주로 썼던 글쓰기 비법을 하나하나 여러분께 알려드릴게요!

## 인간에 대해 관찰하기

셰익스피어  저는 인간의 상황에 대한 날카로운 관찰력을 지니고 있었습니다. 모든 계층의 사람들을 관찰하고 그들의 언어, 행동, 감정을 세심하게 연구하기까지 했죠. 그래서 저의 희곡에는 왕족, 귀족, 하인, 상인 등 다양한 계층의 인물들이 등장하는 거예요. 그들의 행동과 언어는 각 계층의 특성을 반영하고 있습니다. 저는 다양한 사람들을 관찰하여 그들의 감정을 잘 묘사했습니다. 이제 여러분도 자신의 주위를 살펴보고, 주변의 한 사람을 관찰한 후 그 사람의 모습을 글로 표현해 보세요.

**문제 1**    인물을 묘사해보세요.

**1.** 가족, 친구, 혹은 학교에서 만나는 사람 중 한 사람을 선택하세요.

---

---

---

**2.** 그 사람의 외모, 행동, 감정 등을 자세히 관찰한 후, 짧은 글로 그 사람을 묘사해 보세요.

---

---

---

**3.** 그 사람의 특징적인 행동이나 말투를 써보세요.

---

---

---

**셰익스피어** 저는 사람들의 다양한 감정을 관찰하여 그들이 어떻게 느끼는지를 잘 표현했습니다. 여러분도 자신의 상상력을 발휘해 보세요.

**문제 2** 상상력을 키워보세요.

**1.** 좋아하는 친구나 동물이 특별한 상황에 부닥쳐 있다고 상상해 보세요. 예를 들어, "내 친구가 큰 상을 받았어요." 또는 "우리 강아지가 우주여행을 가게 되었어요."처럼 상황을 떠올려보세요.

-------------------------------------------------------------

-------------------------------------------------------------

-------------------------------------------------------------

**2.** 그 상황에서 그 친구나 동물이 어떤 감정을 느끼고, 어떻게 행동할지 글로 써보세요.

-------------------------------------------------------------

-------------------------------------------------------------

-------------------------------------------------------------

**3.** 그들의 기분과 행동을 자세히 묘사해 보세요.

-------------------------------------------------------------

-------------------------------------------------------------

-------------------------------------------------------------

**셰익스피어** 저는 사람들의 대화를 잘 관찰하여 인물 간의 관계를 표현했습니다. 여러분도 친구와의 대화를 상상해 보세요.

**문제 3** 대화를 만들어보세요.

**1.** 예를 들어, '두 친구가 학교에서 새로운 게임에 대해 이야기하는 상황' 또는 '부모님과 가족이 주말 계획에 관해 이야기하는 상황' 같은 상상의 상황을 정하세요.

---------------------------------------------------------

---------------------------------------------------------

---------------------------------------------------------

**2.** 그 상황에서 등장인물 두 명이 어떤 대화를 나누는지 써보세요.

---------------------------------------------------------

---------------------------------------------------------

---------------------------------------------------------

**3.** 대화 속에서 그들의 감정과 생각이 드러나도록 해 보세요.

---------------------------------------------------------

---------------------------------------------------------

---------------------------------------------------------

## 개인적인 경험 이야기하기

 **셰익스피어** 저는 제 개인적 경험이 글쓰기에 큰 영향을 미쳤다고 생각합니다. '소네트'에서는 사랑, 상실, 그리고 시간의 흐름에 대한 저의 감정을 엿볼 수 있습니다. 또한, 고향인 스트랫퍼드 어폰 에이본과 런던에서의 삶이 저의 작품에 반영되었습니다. 저는 개인적 경험을 소네트와 다른 작품에 반영했습니다. 여러분도 자신의 특별한 순간을 이야기로 만들어보세요.

**문제 1** 나의 특별한 순간을 이야기해보세요.

자신이 최근에 경험한 특별한 순간(예: 생일 파티, 가족 여행, 친구와의 재미있는 시간 등)을 선택하고, 그 순간이 어떻게 자신에게 특별했는지 이야기해 보세요. 그 경험에서 느꼈던 감정이나 생각을 자세히 설명해 주세요.

-------------------------------------------------------------------

-------------------------------------------------------------------

-------------------------------------------------------------------

 **셰익스피어** 저는 고향 '스트랫퍼드 어폰 에이번'을 작품에 반영했습니다. 여러분도 자신의 고향이나 살고 있는 동네를 소개해 보세요.

**문제 2** 나의 고향을 소개해보세요.

자신이 살고 있는 동네나 고향을 소개하는 짧은 글을 써보세요. 그 동네에서 자주 가는 장소, 좋아하는 활동, 또는 특별한 장소가 있다면 그것에 대해 설명해보세요. 그 동네에서의 일상이나 특별한 경험을 담아보세요.

---

---

---

**셰익스피어** 저는 저의 감정을 소네트에 담아냈습니다. 여러분도 자신의 감정을 글로 표현해 보세요.

**문제 3** 나의 감정을 표현해보세요.

최근에 기뻤거나 슬펐던 일을 떠올리고, 그 감정을 설명하는 짧은 글을 써보세요. 그 일이 왜 기쁘거나 슬펐는지, 여러분에게 어떤 감정을 느끼게 했는지를 자세히 써보세요. 그림이나 사진을 첨부해도 좋습니다.

-------------------------------------------------------------------

-------------------------------------------------------------------

-------------------------------------------------------------------

## 동시대 작가와 소통하기

 **셰익스피어** 저는 극단에서 다른 극작가들과 긴밀히 협력했습니다. 크리스토퍼 말로와 벤 존슨은 저의 동시대 극작가 중 일부였으며, 그들과의 문학적 교류는 저의 글쓰기에 큰 영향을 미쳤습니다. 특히, 말로와는 작품의 주제와 스타일에서 상호 영향을 주고받았으며, 벤 존슨과는 경쟁의식과 창의적 자극을 주고받았습니다.

**문제 1** 상상 속의 팀 작업을 해보세요.

만약 여러분이 좋아하는 두 명의 동화 작가나 유명한 작가와 함께 이야기를 만들어야 한다면, 그 작가들과 어떤 이야기를 만들어보고 싶나요?

---

---

---

**문제 2** 문학적 아이디어를 교환해보세요.

셰익스피어는 다른 작가들과 아이디어를 교환했습니다. 여러분이 학교에서 친구들과 새로운 이야기를 만들 때, 어떤 아이디어를 나누고 싶나요? 친구들에게 어떤 아이디어를 제안하고, 그 아이디어가 어떻게 재미있거나 특별하게 만들 수 있을지 짧은 글로 설명해보세요.

---

---

---

**문제 3** 재미있는 이야기를 위해 협력해보세요.

셰익스피어와 그의 동시대 작가들은 서로의 작품에서 영감을 얻었습니다. 여러분과 친구가 함께 협력하여 한 가지 멋진 이야기를 만들어야 한다고 상상해 보세요. 두 친구가 서로 다른 아이디어를 가지고 있고, 그 아이디어를 어떻게 합쳐서 재미있는 이야기를 만들 수 있는지 이야기해 보세요. 친구들이 어떤 역할을 맡았는지, 이야기가 어떻게 진행되는지를 써보세요.

---

---

---

# 입체적인 캐릭터 만들기

 셰익스피어 저의 작품은 제가 창조한 캐릭터들이 입체적이고 복잡한 성격을 지닌 덕분에 오랫동안 사랑받아 왔습니다. 저의 캐릭터들은 내면의 갈등과 모순을 겪습니다. 예를 들어 『리어왕』은 처음에는 권위적이고 자기중심적인 인물로 그려지지만, 결국에는 자신의 실수와 가족에 대한 진정한 사랑을 깨닫고 변화합니다. 이러한 변화를 통해 저의 캐릭터는 단순한 악당이나 영웅이 아닌 복잡하고 인간적인 존재로 발전합니다. 또한 저의 작품은 인간관계의 복잡성을 잘 묘사합니다. 『로미오와 줄리엣』에는 사랑과 증오, 가족 간의 갈등 등 여러 요소가 얽혀 있습니다. 이러한 관계는 캐릭터의 심리를 더욱 복잡하게 만듭니다.

**문제 1**　내면의 갈등을 이해해보세요.

셰익스피어의 캐릭터들은 종종 내면의 갈등을 겪습니다. 여러분이 최근에 내면의 갈등을 경험한 적이 있나요? 예를 들어, 시험공부를 해야 하는데 친구와 놀고 싶은 마음이 있을 때 어떻게 했는지 적어보세요. 그리고 그 갈등을 어떻게 해결했는지 설명해보세요.

--------------------------------------------------

--------------------------------------------------

--------------------------------------------------

문제 2    친구와의 복잡한 관계를 풀어보세요.

셰익스피어의 작품에서는 캐릭터들 사이의 관계가 복잡합니다. 여러분이 친구와의 관계에서 갈등이나 복잡한 상황을 겪었던 적이 있나요? 예를 들어, 서로 다른 의견 때문에 다툰 후 어떻게 화해했는지 이야기해 보세요.

--------------------------------------------------

--------------------------------------------------

--------------------------------------------------

문제 3    자신이 변한 경험을 떠올려보세요.

셰익스피어의 캐릭터들은 시간이 지나면서 변화합니다. 여러분이 시간에 따라 변화한 경험이 있나요? 예를 들어, 처음에는 어려웠던 학교생활이 시간이 지나면서 어떻게 나아졌는지, 또는 특정 상황에서 어떻게 달라졌는지 적어보세요.

--------------------------------------------------

--------------------------------------------------

--------------------------------------------------

# 글쓰기 마스터가 되는
# 첫 단계:
# 언어 마법사의 기초

## 간단한 문장 연습하기

셰익스피어 저는 주로 단문(짧은 문장)을 구사했어요. 저는 문장을 쓸 때 다양한 스타일을 사용했습니다. 긴 문장을 쓰기도 했지만, 단문을 자주 사용하여 짧고 강렬한 인상을 주었습니다. 단문은 간단하고 직설적인 표현으로, 독자나 관객이 이해하기 쉽도록 도와줍니다. 저의 작품에서는 이러한 단문이 감정을 효과적으로 전달하고 극적인 순간을 강조하는 데 중요한 역할을 했습니다.

### 연습 문제

**1.** 다음 중 셰익스피어가 자주 사용하는 단문을 찾아보세요.

A. "죽느냐 사느냐, 그것이 문제로다."

B. "하늘은 맑고 구름은 하얗고 푹신하다."

C. "나는 공원에 가서 친구들과 놀았다."

정답 A. "죽느냐 사느냐, 그것이 문제로다."

긴 문장을 두 개의 단문으로 쪼개는 연습을 해봅시다.

> **예시**　다음 긴 문장을 두 개의 단문으로 쪼개 보세요.
>
> "나는 학교에서 수업이 끝난 후 친구들과 함께 공원에 가서 놀기로 했고, 저녁에는 가족과 함께 저녁을 먹기로 했어요."
>
> **정답** "나는 학교에서 수업이 끝난 후 친구들과 공원에 가서 놀기로 했어요."
> "저녁에는 가족과 함께 저녁을 먹기로 했어요."

# 간단한 문장부터 복잡한 문장까지

아래 문장을 두 개의 단문으로 나눠보세요.

### 문제 1

"오늘 날씨가 좋아서 밖에서 놀고 싶었지만, 숙제가 많아서 집에서 공부하기로 했어요."

---

---

---

> **정답** "오늘 날씨가 좋아서 밖에서 놀고 싶었어요."
> "하지만 숙제가 많아서 집에서 공부하기로 했어요."

### 문제 2

"나는 친구들과 함께 영화를 보고 팝콘을 먹으면서 즐거운 시간을 보내려고 했지만, 비가 와서 계획을 변경해야 했어요."

---

---

---

> **정답** "나는 친구들과 영화를 보고 팝콘을 먹으면서 시간을 보내려고 했어요."
> "하지만 비가 와서 계획을 변경해야 했어요."

"저는 오늘 학교에서 좋은 성적을 받았고, 기분이 너무 좋아서 저녁에 친구들과 함께 외식하기로 했어요."

-------------------------------------------------------------------

-------------------------------------------------------------------

-------------------------------------------------------------------

정답 "저는 오늘 학교에서 좋은 성적을 받았어요."
"기분이 너무 좋아서 저녁에 친구들과 외식을 하기로 했어요."

## 복잡한 문장 연습하기

단문으로 시작해 점점 복잡한 문장 구조를 연습해보도록 해요. 다양한 문장을 구사할 수 있도록 말이죠. 아래는 복잡한 문장을 만드는 문제입니다.

 다음 문장을 "~하기 위해, ~해야 한다. 그렇지 않으면, ~할 것이다" 구조를 사용하여 완성하세요.

"충분한 시간을 투자해서 프로젝트를 성공적으로 완료했다. 그렇지 않았다면 결과가 좋지 않았을 것이다."

정답 "프로젝트를 성공적으로 완료하기 위해, 충분한 시간을 투자해야 한다. 그렇지 않으면, 결과가 좋지 않을 것이다."

다음 문장을 "만약 ~라면, 그렇지 않으면 ~할 것이다." 구조를 사용하여 완성해보세요.

문제 1

"과제를 끝내지 않으면, 부모님께 혼날 것이다. 그러나 제시간에 끝내면, 칭찬을 받을 것이다."

--------------------------------------------------------

--------------------------------------------------------

--------------------------------------------------------

정답 "만약 과제를 끝내지 않으면, 부모님께 혼날 것이다. 그렇지 않고 제시간에 끝내면, 칭찬을 받을 것이다."

다음 문장을 "~할 경우, ~하게 된다." 구조를 사용하여 완성해보세요.

**문제 2**

"시험공부를 열심히 해야 한다, 그래야 높은 점수를 받을 수 있다. 그렇지 않으면, 점수가 낮아질 것이다."

-------------------------------------------------------------------

-------------------------------------------------------------------

-------------------------------------------------------------------

정답 시험공부를 열심히 할 경우, 높은 점수를 받을 수 있다. 그렇지 않으면, 점수가 낮아질 것이다.

다음 문장을 "~하지 않으면, ~하게 된다. 하지만 ~하면, ~할 수 있다." 구조를 사용하여 완성해보세요.

문제 3

"계속 공부를 해야 한다. 그렇지 않으면 시험에서 낮은 점수를 받게 된다. 하지만 열심히 공부하면, 좋은 결과를 얻을 수 있다."

-------------------------------------------------------------

-------------------------------------------------------------

-------------------------------------------------------------

정답 계속 공부를 하지 않으면, 시험에서 낮은 점수를 받게 된다. 하지만 열심히 공부하면, 좋은 결과를 얻을 수 있다.

**셰익스피어** 저의 작품에서도 "만약 ~라면"과 유사한 조건문 구조를 종종 볼 수 있습니다. 이러한 조건문을 사용하여 캐릭터의 내면적 갈등을 표현하거나 극적인 긴장감을 조성했습니다. 조건문은 문학적으로 중요한 역할을 합니다.

다음 문장을 "만약 ~라면" 구조를 사용하여 완성해보세요.

문제 1

**"여름철에 충분한 수분을 섭취하면, 탈수를 예방할 수 있다."**

--------------------------------------------------

--------------------------------------------------

--------------------------------------------------

정답 만약 여름철에 충분한 수분을 섭취한다면, 탈수를 예방할 수 있다.

다음 문장을 "마치 ~처럼" 구조를 사용하여 완성해보세요.

**문제 2**

**"그의 발표는 전문가가 진행하는 세미나와 같았다."**

----

----

----

정답 그의 발표는 마치 전문가가 진행하는 세미나처럼 완벽했다.

다음 문장을 "반드시 ~해야 한다." 구조를 사용하여 완성해보세요.

**문제 2**

**"엄마에게 혼나지 않으려면 숙제를 다 끝내고 나서 놀아야 한다."**

----

----

----

정답 엄마에게 혼나지 않으려면 반드시 숙제를 다 끝내고 나서 놀아야 한다.

# 문장에서 감정 표현하기

**문제 1** 뜻이 비슷한 감정 어휘들을 모아 놓았습니다. 다음 단어로 문장을 만들어보세요.

힘들다    고통스럽다    괴롭다

## 1. 힘들다
뜻: 어렵거나 곤란하다.

-------------------------------------------------------------------------------------

-------------------------------------------------------------------------------------

**정답** 요즘 숙제가 많아서 너무 힘들다. 매일 늦게까지 공부하고 나면 몸이 지쳐서 하루가 끝나는 게 기다려진다.

## 2. 고통스럽다
뜻: 몸이나 마음이 괴롭고 아픈 느낌이 있다.

-------------------------------------------------------------------------------------

-------------------------------------------------------------------------------------

**정답** 친한 친구가 전학을 가서 많이 고통스럽다. 매일 그 친구가 떠오르고 마음이 아파서 아무것도 집중할 수가 없다.

### 3. 괴롭다

뜻: 몸이나 마음이 편하지 않고 고통스럽다.

---

---

정답 시험 결과를 기다리면서 너무 괴롭다. 불안하고 걱정스러운 마음이 계속 든다.

# 문장에서 감정 표현하기

문제 2

괴장하다    대단하다    멋지다

## 1. 괴장하다

뜻: 보통 이상으로 대단하다.

_____

_____

정답 그의 연주는 정말 괴장하다. 매번 새로운 곡을 들려줄 때마다 감동과 놀라움이 밀려온다.

## 2. 대단하다

뜻: 출중하게 뛰어나다.

_____

_____

정답 그 팀이 우승한 것은 대단한 성과다. 어려운 경기에서 모두 이기고 마지막에 승리하는 모습을 보니 정말 대단했다.

### 3. 멋지다

뜻: 보기에 훌륭하다.

---

---

정답 오늘 본 연극은 정말 멋지다. 무대 세트와 배우들의 연기가 모두 완벽해서 관객들을 매료시켰다.

# 글쓰기의 첫걸음:
# 일기 쓰기

셰익스피어 지금 시대에 제가 쓴 일기는 안타깝게도 거의 전해지지 않고 있죠. 저는 평민에 불과한 신분이었어요. 게다가 저의 후손은 외손자 대에서 끊겼죠. 그래서 저의 유산이나 일기를 오랫동안 가지고 있어 줄 사람이 없었어요. 저는 비교적 좋은 부모님 밑에서 행복하고 풍족하게 자라긴 했지만 그래도 중산층 평민이라는 신분에서 벗어나지는 못했어요. 귀족이 아닌 사람의 사사롭고 소소한 기록을 누가 오랫동안 보존해주겠어요? 그동안 제가 쓴 일기가 만약 후대까지 보존되어 발견되었다면 더 많은 문학작품으로 평가되었을 수도 있어요. 또 저의 자서전이 나왔을지도 모를 일이죠. 그래도 저는 꾸준히 일기를 썼답니다. 왜냐하면 일기 쓰기는 모든 글쓰기의 기초가 되는 부분이기 때문이죠. 제가 작품을 쓸 때도 일기를 썼던 게 많은 도움이 되었어요. 제 작품에는 저의 일상이 나오기 마련인데 일기를 쓰지 않았다면 지나간 일들을 기억해내지 못했을 거예요. 이처럼 일기는 글쓰기를 하려는 사람에게는 기록 이상의 의미를 갖습니다.

# 연습: 일기 쓰기 방법

## 일기란?

일기는 매일의 경험과 생각을 적어 나가는 거예요. 하루하루 일어난 일들을 글로 쓰고, 그날의 감정이나 생각을 기록하는 것이에요. 일기를 쓰면 자신이 어떻게 성장하고 있는지 알 수 있어요.

## 일기를 쓸 때 자신에게 해 보면 좋은 질문들

1. 오늘 하루 동안 무엇을 가장 좋아했나요?

2. 무슨 일 때문에 가장 슬펐나요?

3. 오늘 기분이 어땠고, 그 이유는 무엇인가요?

4. 오늘 하루 동안 새로 배운 것이나 알게 된 것은 무엇인가요?

5. 친구나 가족과 함께 한 일 중에서 가장 기억에 남는 순간은 무엇인가요?

6. 오늘의 일정이나 계획이 어땠고, 계획대로 진행됐나요?

7. 하루 동안 가장 재미있었던 활동이나 경험은 무엇이었나요?

8. 오늘 느낀 감정이 어떤지, 그 감정을 느낀 이유는 무엇인가요?

9. 오늘 하루 동안 잘한 것이나 자랑스러웠던 일이 있나요?

10. 내일 하고 싶은 일이나 이루고 싶은 목표가 있나요?

# 연습: 일기 쓰기 방법

## 일기의 구성 알아보기

1. 날짜 : 일기를 쓴 날짜를 적어요.

2. 오늘 있었던 일 : 오늘 하루 동안 있었던 주요 사건이나 경험을 순서대로 적어봐요. 예를 들어, 학교에서 무슨 공부를 했는지, 친구들과 놀았던 일 등을 쓸 수 있어요.

3. 오늘의 감정 : 오늘 느낀 감정을 적어봐요. 행복했던 일이나 슬펐던 일, 또는 뭔가를 배우거나 새롭게 경험한 감정을 설명해보세요.

4. 새로 배운 것 : 오늘 하루 동안 새로 배운 지식이나 경험을 적어요. 예를 들어, 새로운 단어나 교과서에서 배운 과목, 혹은 특별한 활동에서 배운 것을 써봐요.

5. 내일의 계획 : 내일 하고 싶은 일이나 기대되는 일을 적어봐요. 내일 무엇을 하고 싶은지, 또는 무엇을 준비해야 할지 생각해보세요.

6. 마무리 : 자신의 일기를 쓴 느낌이나 오늘의 반성을 간단히 써주세요. 오늘 하루를 마무리 짓는 느낌으로 마무리 문장을 쓰면 좋아요.

# 실전: 일기, 지금 바로 써보자!

일기는 사실 문장과 생각 문장이 조화롭게 구성되어야 합니다. 이 두 가지 요소가 조화롭게 사용될 때, 일기는 좀 더 생생하고 의미 있게 느껴집니다. 여기서 각각의 역할과 조화롭게 사용하는 방법에 관해 설명해보겠습니다. 사실 문장을 통해 일어난 사건이나 경험을 먼저 기록하고, 그 후에 생각 문장을 추가하여 그 경험에 대한 자신의 개인적인 의견이나 감정을 나타냅니다. 이 과정을 통해 일기는 단순한 사건의 나열을 넘어서서 자신의 성장과 생각의 변화를 기록하는 수단의 역할을 하게 됩니다.

# 실전: 일기, 지금 바로 써보자!

## 일기의 사실 문장 써보기

**1. (자신이 직접 경험한 일)**

학교에서 배운 것: "오늘 수학 시간에 새로운 공식을 배웠어요."

운동을 한 일: "오늘은 운동 시간에 소프트볼을 했어요."

가족과 함께한 활동: "오늘 저녁에 가족과 함께 맛있는 저녁을 먹었어요."

**문제 1** 내가 직접 경험한 일을 써보세요.

--------------------------------------------------

--------------------------------------------------

--------------------------------------------------

**2. (자신이 직접 보지는 않았지만, 들은 일)**

선생님이 설명한 것: "오늘 선생님이 새로운 도서관 규칙을 설명해 주셨어요."

친구의 경험: "친구가 오늘 동물원에서 원숭이를 보고 왔다고 했어요."

새로운 이야기: "오늘 우리 동네에서 새로운 카페가 열렸다는 소식을 들었어요."

**문제 2** 내가 들은 일을 써보세요.

--------------------------------------------------

--------------------------------------------------

--------------------------------------------------

**3.** (다른 사람이나 뉴스 등에서 들은 사실)

뉴스에서 들은 정보: "오늘 뉴스에서 새로운 학교 시설 개선 계획을 보도했어요."

친구가 이야기해 준 사건: "친구가 오늘 학교에서 재미있는 이야기를 들려줬어요."

책에서 읽은 지식: "책에서 읽은 새로운 과학 이론에 대해 알게 되었어요."

**문제 3** 내가 다른 사람이나 뉴스 등에서 들은 사실을 써보세요.

---

---

---

# 실전: 일기, 지금 바로 써보자!

## 일기의 생각 문장 써보기

### 1. 오늘 느낀 감정

"오늘은 친구와 싸웠는데, 속상하고 슬펐어요. 친구랑 다시 친구가 되고 싶어요."

**문제 1**  내가 오늘 느낀 감정을 써보세요.

---------------------------------------------------------------

---------------------------------------------------------------

---------------------------------------------------------------

### 2. 자신의 꿈이나 바람

"나는 미래에 꼭 의사가 되고 싶어요. 사람들을 도와주는 것이 제 꿈이에요."

**문제 2**  나의 꿈이나 바람을 써보세요.

---------------------------------------------------------------

---------------------------------------------------------------

---------------------------------------------------------------

### 3. 오늘의 자랑스러운 일

"오늘 수학 시험에서 100점을 맞았어요! 엄마와 아빠가 너무 자랑스러워하셨어요."

문제 3    오늘 자랑스러웠던 일을 써보세요.

--------------------------------

--------------------------------

--------------------------------

### 4. 어제의 일을 되돌아보며

"어제는 새로운 책을 다 읽었어요. 그 책을 읽으면서 많은 것을 배웠어요."

문제 4    어제 일을 되돌아보는 글을 써보세요.

--------------------------------

--------------------------------

--------------------------------

### 5. 내일 하고 싶은 것

"내일은 친구와 함께 공원에서 놀고 싶어요. 공원에서 재미있게 놀면 좋겠어요."

문제 5    내일 하고 싶은 것을 글로 써보세요.

--------------------------------

--------------------------------

--------------------------------

# 내 생각을 표현해요:
# 주장하는 글쓰기

# 개념: 주장하는 글을 쓰는 이유가 무엇인가요?

**주장하는 글이란?**

주장하는 글은 특정 의견이나 주장을 제시하고 이를 뒷받침하기 위해 논리적 근거와 증거를 제시하는 글입니다. 주로 독자를 설득하기 위한 목적으로 작성됩니다.

**셰익스피어**  주장하는 글쓰기는 단순한 글이 아닌, 인간의 사고와 감정을 표현하고 사회를 변화시키는 데 중요한 역할을 하고 있습니다. 글을 통해 자신의 주장을 명확히 하고, 그 주장을 뒷받침할 논리와 근거를 제시하는 것은 우리의 생각을 깊이 있게 만들어줍니다. 제 작품에서 볼 수 있듯이, 극적인 갈등은 단순한 이야기 이상의 것을 담고 있습니다. 각 인물의 고뇌와 선택, 그리고 그들의 의견은 각자의 주장이나 다름없습니다. 주장하는 글쓰기는 사람들에게 자기 자신의 목소리를 찾게 하고, 그 목소리가 사회에 어떤 영향을 미칠 수 있는지를 깨닫게 합니다.

## 주장하는 글쓰기는 어떻게 구성하나요?

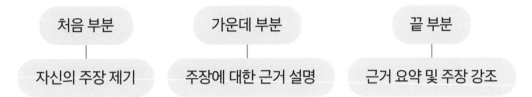

| 처음 부분 | 가운데 부분 | 끝 부분 |
|---|---|---|
| 자신의 주장 제기 | 주장에 대한 근거 설명 | 근거 요약 및 주장 강조 |

아래 주장하는 글쓰기의 예시문을 읽어봅시다.

**(처음 부분)**

명확한 주장: 글의 주제에 대해 명확한 견해를 밝히며, 특정한 주장을 제시합니다.

예시 학교에서 더 많은 체육 시간을 가져야 한다.

**(가운데 부분)**

논리적 근거: 주장을 뒷받침하기 위해 논리적 근거를 제시합니다. 이는 통계, 사례, 연구 결과 등을 포함할 수 있습니다.

예시 체육 활동은 학생들의 신체 건강을 증진시키고, 스트레스를 해소하는 데 도움을 준다. 연구에 따르면, 규칙적인 운동이 집중력을 높이고 학업 성과를 개선하는 데 이바지한다고 한다.

(끝 부분)

주장 강조: 주장을 강조하여 자신의 주장을 받아들이도록 하는 것입니다. 따라서 감정적 호소와 설득하는 표현이 포함될 수 있습니다.

예시 학교에서 더 많은 체육 시간을 가져야 한다. 체육 활동은 학생들의 신체 건강을 증진시키고, 스트레스를 해소하는 데 도움을 준다. 연구에 따르면, 규칙적인 운동이 집중력을 높이고 학업 성과를 개선하는 데 이바지한다고 한다. 따라서 체육 시간을 늘리는 것이 필요하다.

# 연습: 근거를 찾고 활용하는 방법

근거를 제시할 때는 다양한 방법을 활용하여 주장을 뒷받침할 수 있습니다. 연구 결과뿐만 아니라, 구체적인 사례, 통계, 전문가 의견, 실생활 경험 등을 통해 근거를 제시할 수 있습니다.

**문제 1** 다음 주제에 관한 연구 결과를 인터넷에서 자료조사 해서 작성해보세요.

주제: 휴대폰 사용 시간에 제한을 두어야 한다.

## 근거1:
휴대폰을 자주 사용하는 학생들은 학업 성적이 떨어질 가능성이 크다고 합니다. 연구에 따르면~

## 근거2:
과도한 휴대폰 사용은 눈 건강에 악영향을 미칩니다. 연구에 따르면~

# 연습: 근거를 찾고 활용하는 방법

**문제 2** 다음 주제에 대한 근거를 예를 들어 작성해보세요.

주제: 학교 급식 메뉴를 다양하게 해야 한다.

## 근거1:

다양한 급식 메뉴는 학생들이 필요한 영양소를 골고루 섭취할 수 있게 도와줍니다. 예를 들어~

---

---

---

## 근거2:

다양한 메뉴는 식사 시간을 더 즐겁고 흥미롭게 만듭니다. 예를 들어~

---

---

---

# 실전: 주장하는 글로 내 의견을 말해보자!

위에서 배운 구성을 토대로 주장하는 글을 완성해보세요.

## 문제 1

주제: 학생들이 자신만의 취미를 학교에서 할 수 있는 시간을 가져야 한다.

**처음 부분:** 문제가 되는 상황을 써보세요.

---

---

---

**가운데 부분:** 주장에 대한 이유와 근거를 적어보세요.

---

---

---

---

**끝 부분:** 주장을 요약해보세요.

----

----

----

다시 한번 주장을 강조해보세요.

----

----

----

----

----

주제: 학교에 정원이나 화단을 만들어야 한다.

**처음 부분:** 문제가 되는 상황을 써보세요.

--------------------------------------------------

--------------------------------------------------

--------------------------------------------------

**가운데 부분:** 주장에 대한 이유와 근거를 적어보세요.

--------------------------------------------------

--------------------------------------------------

--------------------------------------------------

--------------------------------------------------

**끝 부분:** 주장을 요약해보세요.

--------------------------------------------------

--------------------------------------------------

--------------------------------------------------

# 실전: 주장하는 글로 내 의견을 말해보자!

다시 한번 주장을 강조해보세요.

---

---

---

---

---

셰익스피어처럼 언어 마법사 되기

# 책을 읽은 후의 감상: 독후감 쓰기

셰익스피어 여러분의 나이대에 숙제로 가장 많이 나오는 글의 종류가 무엇인가요? 아마도 독후감 쓰기일 것입니다. 독후감 쓰기는 초등학생 때 가장 많이 쓰는 글입니다. 그래서 기본이라고 생각할 수 있지만, 생각보다 쓰는 게 쉽지 않습니다. 독후감은 크게 줄거리 요약과 느낀 점을 쓰게 되는데요. 줄거리 요약을 잘하려면 논리적인 사고로 사건을 이해해야 합니다. 책에서 일어난 사건들을 순차적으로 이해하고 정리해야 합니다. 예를 들어, 캐릭터들이 겪은 문제나 해결책, 중요한 선택을 정확히 기억하고 재구성하는 것이 중요합니다. 느낀 점을 잘 쓰려면 창의적인 생각이 필요합니다. 자신이 읽은 책을 통해 무엇을 배웠는지, 어떤 감정을 느꼈는지를 자유롭게 표현해야 합니다. 이는 단순한 감정 표현을 넘어서, 책에서 배운 교훈이나 그와 관련된 자신의 경험을 연결하여 쓸 수 있는 능력을 의미합니다. 예를 들어, 캐릭터의 성장 과정에서 배운 교훈이나 주제와 자신의 생각을 연결 짓는 것이 중요합니다. 저는 독후감처럼 읽은 책을 정리하지는 않았습니다. 주로 희곡작품과 시를 썼죠. 하지만 저의 작품은 수많은 문학작품에서 영향을 받은 것은 사실입니다. 지금 책을 읽고 정리한 독후감이 훗날 여러분의 창작활동에 지대한 영향을 끼칠 줄 누가 알겠어요?

**셰익스피어** 독후감을 쓰려면 우선 책 선택부터 신중해야 합니다. 책을 선택할 때의 여러 가지 기준이 있어요. 학년과 나이에 적합한 책을 선택하는 게 좋습니다. 초등학생에게는 어려운 어휘나 복잡한 플롯을 가진 책보다는 읽기 쉽고 이해하기 쉬운 책이 적합할 수 있습니다. 주제와 관심사에 따라 책을 선택하는 게 좋습니다. 학생들의 관심사나 성향에 맞는 주제의 책을 선택하는 것이죠. 예를 들어, 동물을 사랑하는 학생에게는 동물 이야기가 포함된 책이 적합하겠죠. 또 교육적 가치가 있는 책을 선택하면 더 좋습니다. 예를 들어, 윤리적 문제나 사회적 이슈를 다루는 책이나 역사적 사건을 바탕으로 한 책 등이 있습니다. 독후감을 쓸 때도 나름대로 구성이 있어요. 서론, 본론, 결론으로 나누어서 살펴볼게요!

## 1) 서론

서론은 독후감의 시작부분으로 책에 대한 전반적인 소개와 읽게 된 배경을 설명합니다.

서문에는 이 책을 읽게 된 이유를 씁니다. 그리고 해당 책을 선택한 이유도 명확히 설명합니다. 예를 들어, 학교 과제로 읽었거나, 추천받은 책이었거나, 자발적으로 관심을 가지고 읽은 경우 등을 언급할 수 있습니다.

## 2) 본론

본론은 독후감의 핵심 부분으로, 세부적인 내용을 다룹니다.

주요 사건과 플롯 등을 요약하여 책의 줄거리를 전달합니다. 책의 주요 사건과 플롯을 요약하여 전달합니다. 이 과정에서 책의 주요 캐릭터, 주요 사건들의 흐름을 명확하게 기술합니다.

기억에 남는 장면을 선택하고 그 이유도 함께 씁니다. 책에서 특히 기억에 남는 장면을 선택하고, 그 장면이 왜 중요하게 느껴지는지 그 이유를 설명합니다. 이는 독자에게 각별한 의미를 주는 장면이나 특정 사건을 포함할 수 있습니다.

## 3) 결론

결론은 독후감의 마지막 부분으로, 독자에게 남길 마지막 인상을 담당합니다.

책을 통해 느낀점이 무엇인지를 이야기합니다. 책을 읽고 나서 어떤 생각이 들었는지, 어떤 감정을 느꼈는지를 솔직하게 표현합니다. 책이 전달하려는 메시지나 교훈을 어떻게 해석하고, 자신의 일상생활에 어떤 영향을 미쳤는지를 다룰 수 있습니다.

셰익스피어 독후감을 쓸 때는 자기 생각을 구체적으로 표현하는 게 중요합니다. '슬프다'라고 느낀 점을 썼다면 어떻게 슬펐는지 써줘야 합니다. 예를 들어 '슬퍼서 눈가에 눈물이 핑 돌았다.'가 구체적인 표현입니다.

---

**예시**  구체적으로 표현하기

갑자기 전화벨이 울려서 나는 깜짝 놀랐다.

정답 갑자기 전화벨이 울려서 나는 심장이 빠르게 뛰고, 눈이 크게 떠지며, 손이 떨리는 것을 느꼈다.

---

**문제 1**  어떻게 해야 구체적으로 표현할 수 있는지 고민하며 빈칸을 채워보세요.

1. 6·25전쟁을 다룬 영화를 보고 너무 슬펐다.

   6·25전쟁을 다룬 영화를 보고
   ----------------------------------------------------------------

2. 열심히 공부한 과목에서 100점을 맞아 기뻤다.

   열심히 공부한 과목에서 100점을 맞아
   ----------------------------------------------------------------

셰익스피어 모든 글에는 제목이 있듯 독후감에도 제목을 지어주는 게 좋아요! 『안네의 일기』를 예시로 들어볼게요.

---

**예시 1** 책 제목 활용하기

**제목: 『안네의 일기』를 읽고**

이 제목은 책의 실제 제목을 그대로 활용하여 독후감의 주제를 명확히 합니다. 독후감을 쓰기 전에 책의 내용에 대한 기본적인 인상을 드러내고 싶을 때 사용합니다.

---

**문제 1** 읽은 책 제목을 활용해서 제목을 만들어보세요.

---

**예시 2**  책의 핵심 메시지 또는 주제 반영하기

**제목: 전쟁 속에서 희망을 잃지 않은 소녀**

이 제목은 책의 핵심 메시지인 희망과 인내를 반영합니다. 안네 프랑크가 전쟁 중에 겪었던 어려움과 그럼에도 불구하고 희망을 잃지 않았다는 주제를 제목에 담아 감동적인 인상을 줍니다.

**문제 2**  읽은 책의 핵심 메시지 또는 주제를 반영해 제목을 만들어보세요.

---

---

---

다음은 제가 선택한 책들입니다. QR코드를 따라가 책을 읽은 후 아래의 질문에 답해보세요!

## 남유하, 「로이 서비스」

**문제 1**   주인공 '다인'이와 로이 서비스 할아버지가 겪은 우여곡절에 대해 빈칸을 채워보세요.

① 주인공은 여름 방학마다 바닷가에 있던 (              )댁에서 재미있게 놀았던 사실을 떠올렸다.

② 재작년, 할아버지가 (            )으로 돌아가셨다.

③ 할아버지의 장례를 치른 뒤, 고인을 생전의 모습과 똑같이 만드는 (            )를 신청하게 된다.

④ 가짜 할아버지가 불편했지만, 할아버지와 남은 시간을 잘 지내기 위해 주인공은 불평하지 않는다.

⑤ 로이 서비스와 잘 지내려는 부모님과 달리 주인공은 할아버지를 대신하는 것이 언짢아서 독설을

   뱉는다.

⑥ 바닷가에 나와 머리를 식히는데, 주인공은 동네에 살던 (            )라는 친구를 만나게 된다.

⑦ 그때 주인공은 지호 역시 (            )라는 것을 알아차리게 된다.

⑧ 처음 만난 친구인 줄 알았지만, 로이 서비스라는 사실에 문득 서운한 감이 들었다.

⑨ 마지막으로 로이 서비스를 초기화시키는데, 사람이었던 것처럼 보이던 (             )는 생기를

   잃어버렸다.

⑩ 주인공은 로이 서비스임에도 불구하고 같이 지낼 수 있는 할아버지를 보고 싶어 한다.

**정답** ① 할아버지 / ② 암 / ③ 로이 서비스 / ⑥ 지호 / ⑦ 로이 서비스 / ⑨ 지호

문제 2    질문에 답해보세요.

**1.** 이별을 도와주는 장례문화 '로이 서비스'가 실제로 있다면 여러분은 신청하실 건가요?
그렇다면 그 이유는 무엇인가요?

------------------------------------------------------

------------------------------------------------------

------------------------------------------------------

------------------------------------------------------

**2.** 할아버지와 지호가 로이 서비스라는 반전을 눈치채셨나요?
그렇다면 그 이유는 무엇인가요?

------------------------------------------------------

------------------------------------------------------

------------------------------------------------------

------------------------------------------------------

**문제 3** 인물(성격 및 특징)을 분석해보세요.

**1.** 다인이의 성격은 어떤가요?

---

---

---

---

**2.** 지호의 성격은 어떤가요?

---

---

---

---

남유하, 『로이 서비스』 둘러보기 ▶

## 「로이 서비스」 독후감 쓰기 실전

**1. 책 제목**

**2. 작가**

**3. 독서 기간**

**4. 그 외 작품**

## 5. 이 책을 읽은 이유

## 6. 줄거리

## 7. 독서 후 느낀 점

## 8. 꼭 기억하고 싶은 책 속의 한 문장과 이유

# 제성은, 『사춘기 대 갱년기』

**문제 1**   주인공 '루나'와 엄마가 겪은 우여곡절에 대해 빈칸을 채워보세요.

① 루나의 엄마는 남들보다 루나를 늦게 낳았다. 그래서 둘은 사춘기와 (              )를 같은 시기에 겪게 되었다.

② 루나는 항상 무언가가 잘못되면 엄마에게 짜증을 냈다. 그리고 엄마는 계속 덥다 춥다를 반복하며 에어컨을 켰다 껐다 한다.

③ 그러던 어느 날, 분리수거를 하러 갈 때 짝꿍 (              )본다. (              )쓰레기봉투를 보더니 임신 테스트기가 왜 있냐고 물었다. 루나는 인터넷에서 검색해 확인해본 뒤 임신은 아니었지만, 엄마가 아이를 가지고 싶어 한다고 오해했다.

④ 그리고 운동회 계주를 뽑는 날, 여자애 중 가장 빠른 세연이가 생리 때문에 기권을 하게 되며 자연스럽게 계주는 루나가 되었고 남자 계주는 방학 동안 키가 많이 커서 돌아온 김수호가 되었다. 루나는 수호를 좋아했고 둘은 잘 지냈다. 루나는 수호의 카톡 프로필 메시지를 보고 '이루나 너 매일 보고 싶어.'라고 착각한다.

⑤ 루나는 수호를 잊고 지내던 찰나에 엄마의 행동을 이해하지 못했다. 맨날 피곤하다고 누워 있고 덥다고 선풍기를 켜대는 것. 루나는 엄마에게 짜증을 냈다. 아빠는 그런 루나를 보고 큰언니이자 큰 누나인데 엄마를 도와줘야 하지 않겠냐고 꾸짖었다.

⑥ 루나의 엄마가 혼자 여행을 떠나게 되자 루나는 집에 아빠와 둘이 있어야 했다. 그렇게 시간이 흘러 체육 대회 날이 왔다. 루나는 열심히 달려서 상대편을 역전했지만, 김수호가 따라잡히는 바람에 결국 지게 되었다.

⑦ 엄마는 루나에게 여행을 가자고 했고 영종도에 있는 마시안 해변에 갔다.

⑧ 엄마는 루나에게 임신이 아니라 (              )이라고 말한다.

⑨ 추운 겨울, 준수는 루나에 대한 자신의 마음을 논술 학원에서 (              )로 표현한다.

⑩ 그리고 지희가 그걸 루나에게 보내주고 준수와 루나는 둘이 만나 좋아한다는 마음을 고백한다.

정답 ① 갱년기 / ③ 준수를, 준수는 / ⑧ 폐경 / ⑨ 시 짓기

**문제 2**    질문에 답해보세요.

**1.** 여러분의 사춘기는 언제였나요?

**2.** 여러분의 가정도 루나와 엄마의 모습과 비슷하다면 현재 어떤 상황인지 써보세요.

**문제 3** 인물(성격 및 특징)을 분석해보세요.

**1.** 루나의 성격은 어떤가요?

----

----

----

----

**2.** 엄마의 성격은 어떤가요?

----

----

----

----

제성은, 『사춘기 대 갱년기』 둘러보기 ▶

## 『사춘기 대 갱년기』 독후감 쓰기 실전

**1. 책 제목**

**2. 작가**

**3. 독서 기간**

**4. 그 외 작품**

**5.** 이 책을 읽은 이유

**6.** 줄거리

**7.** 독서 후 느낀 점

**8.** 꼭 기억하고 싶은 책 속의 한 문장과 이유

## 마르탱 파주, 『나는 아무 생각이 없다』

**문제 1**   주인공 '셀레나'와 부모님이 겪은 우여곡절에 대해 빈칸을 채워보세요.

① 셀레나는 이를 닦고, 세수를 하고, 모든 것을 항상 가다듬는 자신을 (            )이라고 여겼다.

② 셀레나의 부모님이 "네가 (            )가 되기로 마음먹었다면, 우린 너를 밀어 주기로 했다."라

　고 말했다.

③ 셀레나는 친구 (            )과의 수다가 즐거운 소녀. 그런데 친구 (            )마저 셀레나

　에게 예술가적 소질이 있다고 한다.

④ 셀레나의 부모님은 집안을 유명한 화가의 그림으로 꾸미고, 미술도구를 사준다.

⑤ 예술가가 무엇인지도 잘 모르는 셀레나는 (            )을 찾아가 상담을 하기까지 한다.

⑥ 혼란스러운 셀레나에게 부모님의 행동은 시련과 같았다.

⑦ 부모님은 셀레나에게 예술가의 어린 시절은 불행한 거라면서 맛없는 음식을 준다.

⑧ 부모님은 교사, 변호사, 의사가 되겠다는 셀레나에게 그 직업들의 단점을 말하며 오직

　(            )가 되기를 바란다.

⑨ 마침내 셀레나는 부모님에게 한 통의 편지를 남긴다.

⑩ 부모님에게 지친 셀레나는 생각을 정리하기 위해 (            )로 떠난다.

**정답** ① 날마다 가꿔야 하는 정원 / ② 예술가 / ③ 베란, 베란 / ⑤ 블랭프 선생님 / ⑧ 예술가 / ⑩ 고모네

**문제 2**   질문에 답해보세요.

1. 여러분은 꼭 꿈이 있어야 한다고 생각하나요? 그렇다면 그 이유는 무엇인가요?

-----

-----

-----

-----

2. 부모님이 여러분의 꿈에 대해 어떻게 생각하시나요?(지지해 주신다, 반대한다 등)

-----

-----

-----

-----

**문제 3**  인물(성격 및 특징)을 분석해보세요.

**1.** 셀레나 성격은 어떤가요?

------------------------------------------------------

------------------------------------------------------

------------------------------------------------------

------------------------------------------------------

**2.** 부모님의 성격은 어떤가요?

------------------------------------------------------

------------------------------------------------------

------------------------------------------------------

------------------------------------------------------

마르탱 파주, 『나는 아무 생각이 없다』 둘러보기 ▶

## 『나는 아무 생각도 없다』 독후감 쓰기 실전

**1.** 책 제목

**2.** 작가

**3.** 독서 기간

**4.** 그 외 작품

**5.** 이 책을 읽은 이유

**6.** 줄거리

**7.** 독서 후 느낀 점

**8.** 꼭 기억하고 싶은 책 속의 한 문장과 이유

# 신채연, 『월화수토토토일』

**문제 1**  주인공 병만이가 겪은 우여곡절에 대해 빈칸을 채워보세요.

① 병만이는 축구하고 노는 걸 좋아한다. 불공평한 (            )에 대해서 불평한다.

② 병만이는 학교 가는 날 아침이면 이상하게 (            )가 슬슬 아파 온다.

③ 우연히 알게 된 (            )는 공부도 3일, 주말도 3일이다.

④ 월화수토토토일 학교는 체육 시간을 없애 버린다. 소풍도 비디오 화면으로 대신한다.

   그래야 (            )이 두 번 더 늘어나기 때문이다.

⑤ 월화수토토토일 학교는 받아쓰기를 10단원까지 한 번에 보고, 밥도 10초 안에 먹어야 한다.

⑥ 구구단도 86단까지 외워야 하고, 화장실도 3일 동안 참았다가 (            )에 눠야 한다.

⑦ 월화수토토토일 학교에 홀리듯 찾아온 다른 친구들은 결국 (            )을 감행한다.

⑧ 집에 무사히 돌아온 병만이는 (            )이 행복하기만 하다.

⑨ 재미없던 국어 시간에는 질문도 3개나 하고, 수학 시간엔 제일 먼저 문제를 풀었다.

⑩ 병만이는 평범한 하루하루 덕분에 (            )이 있다는 것을 깨달았다.

**정답** ① 일주일 / ② 배 / ③ 월화수토토토일 학교 / ④ 토요일 / ⑤ 토요일 / ⑦ 탈출 / ⑧ 월요일 / ⑩ 일주일

**문제 2**  질문에 답해보세요.

**1.** 실제로 일주일이 월화수토토토일 이라면 어떨 것 같나요?

-------------------------------------------------

-------------------------------------------------

-------------------------------------------------

-------------------------------------------------

**2.** 여러분은 일주일 중 어떤 요일이 가장 좋나요? 그 이유는 무엇인가요?

-------------------------------------------------

-------------------------------------------------

-------------------------------------------------

-------------------------------------------------

**문제 3** 인물(성격 및 특징)을 분석해보세요.

**1.** 병만이의 성격은 어떤가요?

--------------------------------------------------

--------------------------------------------------

--------------------------------------------------

--------------------------------------------------

**2.** 월화수토토토일 학교에 있는 선생님의 성격은 어떤가요?

--------------------------------------------------

--------------------------------------------------

--------------------------------------------------

--------------------------------------------------

신채연, 『월화수토토토일』 둘러보기 ▶

## 『월화수토토토일』 독후감 쓰기 실전

### 1. 책 제목

### 2. 작가

### 3. 독서 기간

### 4. 그 외 작품

**5.** 이 책을 읽은 이유

**6.** 줄거리

**7.** 독서 후 느낀 점

**8.** 꼭 기억하고 싶은 책 속의 한 문장과 이유

# 오 헨리, 『되찾은 양심』

**문제 1**   주인공 '지미 발렌타인'과 '밴 프라이스'가 겪은 우여곡절에 대해 빈칸을 채워보세요.

① 금고 털이범 (　　　　　)이 출소를 앞두고 있다.

② 지미 발렌타인이 출소한 후 일주일 후 (　　　　　) 사건이 발생했다. 이후 2번 더 유사한 사건이

　　일어났다.

③ 밴 프라이스는 지미 발렌타인의 짓이라고 생각한다.

④ 지미 발렌타인은 엘모어에 도착해 (　　　　　)에 간다. 은행가의 딸과 결혼하려고 한다.

⑤ 아홉 살 짜리 소녀 메이가 (　　　　　)를 금고에 가두었다.

⑥ 지미 발렌타인은 여행 가방에 있던 도구들을 꺼내서 금고를 열었다.

⑦ 밴 프라이스가 지미 발렌타인을 찾았다.

⑧ 지미 발렌타인은 당당하게 밴 프라이스를 따라 다시 감옥에 갈 마음의 준비가 되어 있다.

⑨ 하지만 밴 프라이스는 이상하게 행동했다. 지미 발렌타인을 모른다고 말한다.

⑩ 밴 프라이스는 유유히 사라졌다.

---

정답 ① 지미 발렌타인 / ② 금고털이 / ④ 엘모어 은행 / ⑤ 애거사

**문제 2** 질문에 답해보세요.

**1.** 일상 속에서 양심이 중요한 이유는 무엇일까요?

-------------------------------------------------------------

-------------------------------------------------------------

-------------------------------------------------------------

-------------------------------------------------------------

**2.** 왜 제목을 '되찾은 양심'이라고 했을까요?

-------------------------------------------------------------

-------------------------------------------------------------

-------------------------------------------------------------

-------------------------------------------------------------

**문제 3** 인물(성격 및 특징)을 분석해보세요.

**1.** 지미 발렌타인의 성격은 어떤가요?

---

---

---

---

**2.** 밴 프라이스의 성격은 어떤가요?

---

---

---

---

오 헨리, 『되찾은 양심』 둘러보기 ▶

## 『되찾은 양심』 독후감 쓰기 실전

**1.** 책 제목

**2.** 작가

**3.** 독서 기간

**4.** 그 외 작품

**5.** 이 책을 읽은 이유

**6.** 줄거리

**7.** 독서 후 느낀 점

**8.** 꼭 기억하고 싶은 책 속의 한 문장과 이유

# 나를 알리자:
# 자기소개서 쓰기

**셰익스피어** 안녕하세요. 제 소개를 해 볼게요! 저는 윌리엄 셰익스피어입니다. 저는 16세기 영국에서 태어나 연극 작가로서 활동하고 있어요. 제가 쓴 연극들은 많은 사람에게 사랑받고 있죠! 저는 어릴 때부터 문학에 대한 관심이 많았어요. 특히 시와 연극을 쓰는 것에 매료되었죠. 게다가 저는 이렇게 말만 잘하는 것뿐만 아니라 글 쓰는 것 자체를 즐기기 때문에 자기소개서도 잘 쓴답니다. 자기소개서는 단어 그대로 나 자신을 소개하는 글이에요. 학교나 다른 곳에서 자기소개서를 쓰면, 내가 무엇을 좋아하고 잘하는지를 다른 사람들에게 알릴 수 있어요. 자기소개서를 쓰는 게 왜 중요할까요? 첫째로, 우리가 어떤 사람인지를 다른 사람들에게 소개하는 좋은 방법이기 때문이지요. 자신이 좋아하는 공부나 취미, 친구들과 어떻게 지내는지를 자세히 적어서 다른 사람들이 자신을 잘 알 수 있어요. 둘째로, 자기소개서를 쓰면 자신의 강점을 알리고, 자신이 성장한 경험을 보여줄 수 있어요. 예를 들어, 내가 좋아하는 과목이나 잘하는 스포츠를 언급하면서, 자신의 능력과 자신감을 보여줄 수 있지요. 마지막으로, 자기소개서를 쓰면 학교나 친구들과의 관계도 좋아질 수 있어요. 다른 사람들이 나를 더 잘 이해하고, 서로 친해지는 계기가 될 수 있어요. 그래서 자기소개서는 우리가 누구인지를 알리고, 다른 사람들과의 소통을 더욱 원활하게 만들어주는 중요한 글이에요. 그럼 제가 쓴 자기소개서를 한번 보실래요?

**예시**  셰익스피어의 자기소개서

저는 윌리엄 셰익스피어입니다! 영국에서 태어나서, 많은 사람이 알고 있는 유명한 극작가와 시인이에요. 제 작품들은 전 세계 사람들에게 사랑받고 있어요! 저는 학교에서는 공부하기보다는 자연을 좋아했어요. 특히 시를 쓰는 걸 좋아해서 매일 밤하늘의 별을 보며 시를 짓곤 했어요. 배우가 되고 싶었지만 결국 극작가로 길을 택했답니다! 제가 쓴 유명한 작품으로는 『로미오와 줄리엣』, 『한여름 밤의 꿈』 같은 이야기가 있어요. 이 작품들은 사람들에게 많은 감동을 주고, 오늘날에도 많이 읽히고 있어요.

# 개념: 자기소개서란 무엇인가요?

**셰익스피어** 새로운 학교로 전학을 가거나 학년이 바뀌게 되면, 새로운 친구들과의 관계를 쌓기 위해 자기소개서를 쓸 수 있어요. 자기소개서에는 자신의 이름, 나이, 관심사, 좋아하는 공부 과목 등을 포함할 수 있어요. 학년이 바뀌었을 때 저라면 이렇게 자기소개서를 시작할 거예요!

**예시** 자기소개서

"안녕하세요! 저는 ○○ 초등학교 3학년 ○반 ○○○이라고 해요. 저는 책을 읽는 것을 좋아하고, 특히 수학과 과학에 관심이 많아요. 새로운 친구들과 함께 새로운 학교에서 생활을 시작하게 되어 기쁩니다!"

자기소개를 잘하면 처음 만나는 친구들과 쉽게 소통할 수 있고, 자신감을 갖고 낯선 환경에도 쉽게 적응할 수 있어요.

이번 기회에 여러분도 자기소개서를 한번 써보시면 좋겠어요. 어떻게 써야 할지 막막하다고요? 걱정하지 마세요. 언어 마법사라 불리는 저, 셰익스피어가 있잖아요! 지금부터 한 단계씩 저를 따라오세요.

## 나의 성격 쓰기

셰익스피어 "여러분은 어떤 학생이에요?"라고 물으면 "저는 그냥 평범한 학생입니다."라고 대답하는 친구들이 많아요. 하지만 자세히 들여다보면 우리 개개인은 모두 소중한 존재고 남들과 다른 부분이 하나씩은 있죠. 남들이 보기엔 하찮다고 생각할지 모르는 부분도 나의 장점으로 발전시킬 수 있습니다. 아래 카드 중 여러분의 성격에 해당하는 것이 있나요? 그렇다면 그 카드에 동그라미를 쳐보세요.

| | | | | |
|---|---|---|---|---|
| 잘 웃는다 | 정이 많다 | 사교성이 좋다 | 용감하다 | 호기심이 많다 |
| 책임감이 강하다 | 창의적이다 | 인내심이 강하다 | 감성적이다 | 분석적이다 |

**문제** 나에게 적합한 문구의 카드를 찾았다면 그 문구를 이용해 문장으로 내 성격을 표현해 보세요.

---

## 이야깃거리 찾기

**셰익스피어** 다른 사람과의 관계를 통해 사회 구성원으로서의 나의 모습을 보여줄 수 있어요. 친구나 가족, 선생님들과 어떻게 지내는지를 보여주면 되죠. 인성이란 사람들과의 관계 속에서 더욱 드러나죠. 혹시 학급 회의 때 내가 이바지한 일이 있나요? 장애인 친구를 도와주었던 적이 있나요? 왕따를 당하는 친구의 편에 서준 일이 있나요? 잘 찾아보면 내 인성이 드러나는 순간들이 있을 거예요.

**문제** 나의 인성이 드러나는 순간이 있으면 구체적으로 써보세요.

-------------------------------------------------------

-------------------------------------------------------

-------------------------------------------------------

-------------------------------------------------------

## 호기심을 끄는 첫 문장 쓰기

셰익스피어　누군가를 만났을 때 첫인상은 쉽게 잊히지 않습니다. 그 첫인상이 오래 남아 상대방의 기억 속에 자리 잡기 때문입니다. 글도 마찬가지입니다. 첫 문장은 독자의 관심을 끌고 글 전체에 대한 인상을 결정짓는 중요한 요소입니다. 만약 첫 문장이 지루하거나 평범하다면 글을 끝까지 읽지 않을 가능성이 큽니다. 따라서 첫 문장은 호기심을 자극하고, 더 읽고 싶다는 생각이 들게 하는 표현으로 시작하는 것이 좋습니다. 예를 들어, "나는 국밥 같은 사람입니다."라는 첫 문장은 따스하고 푸근한 성격을 나타내며 호기심을 끌어냅니다. 국밥은 우리에게 친근하고 든든한 음식으로 다가오듯, 글쓴이의 성격이 따뜻하고 믿음직하다는 인상을 줍니다. 이러한 표현은 자연스럽게 글 속으로 빠져들게 하며, 글쓴이에 대한 긍정적인 이미지를 심어줍니다. 여러분도 떠오르는 첫 문장을 여러 개 적어본 후 하나를 골라 보세요.

**문제**　떠오르는 첫 문장을 적어보세요.

① _____

② _____

③ _____

④ _____

## 자기소개서 써보기

셰익스피어 앞의 '연습'에서 쓴 글을 토대로 한 편의 자기소개서를 써볼 거예요. 자기소개서를 쓸 때는 나를 당당하게 표현하는 게 중요해요.

문제 자기소개서를 써보세요.

---

---

---

---

---

---

---

---

---

---

---

# 셰익스피어와 함께 하는
# 창의적인 글쓰기

**셰익스피어** 창의적인 글쓰기는 문학과 영화에서 중요한 역할을 합니다. 예를 들어, J.K. 롤링의 『해리 포터』 시리즈는 독창적인 이야기와 캐릭터를 통해 전 세계적인 문화 현상을 만들어냈습니다. 이러한 작품들은 많은 사람에게 예술적 영감을 제공했습니다. 저는 풍부한 은유와 비유, 새로운 단어와 표현을 만들어내며 언어의 가능성을 확장했습니다. 저의 시는 음악적이고 리듬감 있는 언어를 통해 감정과 분위기를 전달합니다. 또한 비극, 희극, 역사극 등 다양한 장르를 혼합하거나 새롭게 정의하며 실험했습니다. 『로미오와 줄리엣』과 같은 작품은 비극적인 요소와 낭만적인 요소를 결합한 것입니다. 요즘 시대의 창의적인 글쓰기는 상상력과 실험을 중시합니다. 전통적인 형식에 얽매이지 않고 새로운 형식과 구조를 시도하는 게 중요하죠. 그럼 저와 함께 여러 가지 창의적인 글쓰기 기법을 알아볼까요?

## 묘사 글쓰기

묘사란 사물, 인물, 장소, 상황 등을 자세히 그려내어 독자가 생생하게 상상할 수 있도록 하는 문학적 기법입니다. 묘사는 단순히 무엇이 있는지 설명하는 것을 넘어, 독자가 경험할 수 있도록 시각적, 감각적, 정서적 세부 사항을 포함합니다. 이를 통해 독자는 장면을 마음속에 그리거나, 그 감정과 분위기를 느끼게 됩니다. 창의적인 글쓰기에서 묘사는 독자의 상상력과 감정을 자극하고, 작품의 생동감과 깊이를 더하는 데 필수적인 요소입니다. 구체적이고 감각적인 묘사를 통해 작가는 독자에게 작품의 주제와 메시지를 효과적으로 전달할 수 있습니다.

**해바라기는 노란색 꽃이다.**

이 문장은 해바라기의 색깔을 단순하게 설명하고 있습니다. 묘사 문장으로 바꾸면 아래와 같습니다. 아래 문장은 해바라기의 색깔을 생생하게 장면적으로 그려줍니다.

**해바라기는 한 여름날의 태양처럼 환하게 빛나는 노란 꽃잎을 펼친다.**

## 묘사 방법: 오감을 활용하기

독자가 장면을 더 생생하게 느낄 수 있도록 시각, 청각, 촉각, 후각, 미각 등 다양한 감각을 사용합니다.

시각: 해바라기의 노란 꽃잎이 해를 향해 활짝 펴있다.

청각: 바람에 흔들리는 해바라기 줄기가 부드러운 소리를 낸다.

촉각: 해바라기 꽃잎은 손끝에서 부드럽고 매끄럽게 느껴지며, 약간의 따뜻함이 전해진다.

후각: 해바라기에서 달콤한 꽃향기가 난다.

미각: 여름의 신선하고 상쾌한 과일의 맛일 것 같다.

# 개념: 창의적 글쓰기란 무엇인가요?

**문제**  아래의 장면을 오감을 활용하여 생생하게 묘사해 보세요.

### 여름의 시골 마당

**1. 시각:** 여름의 시골 마당에는 어떤 모습이 펼쳐져 있나요?
색깔과 형태를 구체적으로 설명해보세요.

---------------------------------------------

---------------------------------------------

---------------------------------------------

**2. 청각:** 마당에서 들리는 소리는 무엇인가요?
소리의 종류와 느낌을 설명해보세요.

---------------------------------------------

---------------------------------------------

---------------------------------------------

**3. 촉각:** 마당에서 만질 수 있는 물건이나 식물의 표면은 어떤 느낌인가요?
부드럽거나 거친 정도를 포함해 설명해 보세요.

---------------------------------------------

---------------------------------------------

---------------------------------------------

**4.** 후각: 마당에서 맡을 수 있는 냄새는 무엇인가요?

　　　냄새의 종류와 그 느낌을 설명해보세요.

-------------------------------------------------------------

-------------------------------------------------------------

-------------------------------------------------------------


**5.** 미각: 마당에서 맛볼 수 있는 음식이나 과일이 있다면, 그 맛은 어떤가요?

　　　맛의 느낌을 상상해서 설명해보세요.

-------------------------------------------------------------

-------------------------------------------------------------

-------------------------------------------------------------

## 고정관념에서 벗어나는 글쓰기

고정관념이란 우리가 당연하다고 여기는 생각의 틀이나, 일반적으로 받아들여지는 생각을 말합니다. 창의적인 글쓰기를 하기 위해서는 기존의 고정관념에서 벗어나 새로운 시각으로 사물이나 상황을 바라보는 것이 중요합니다. 때로는 이 고정관념을 깨고 새로운 시각으로 바라볼 때, 더 창의적이고 독창적인 아이디어가 떠오를 수 있습니다.

예시

**동물들이 인간처럼 말할 수 있다면**

이 주제는 고정관념에서 벗어나는 질문을 하고 있습니다. 질문에 대한 대답을 쓴다면 아래와 같습니다. 아래 문장은 기존의 고정관념을 깬 대답입니다.

만약 동물들이 말할 수 있다면, 개는 경찰관이 되어 사람들과 함께 범죄를 해결하는 일을 맡을 것입니다. 고양이는 도서관에서 책을 정리하며 조용히 독서 토론회를 주관할 것입니다. 토끼는 학교에서 학생들에게 자연과 동물에 대해 가르치는 선생님이 될 것입니다.

### 엄마가 아빠라면?

1. 엄마와 아빠가 역할을 바꾼다면 집안의 일상은 어떻게 변할까요? 예를 들어, 엄마가 아빠의 역할을 맡고, 아빠가 엄마의 역할을 맡았다면, 집에서 어떤 일이 일어날까요?

-------------------------------------------------------------------

-------------------------------------------------------------------

-------------------------------------------------------------------

2. 엄마가 아빠의 역할을 맡았을 때, 아빠가 평소에 하는 특별한 활동을 엄마가 어떻게 수행할까요? 예를 들어, 아빠가 주말에 가족과 함께 하는 활동을 엄마가 해 본다면 어떤 일이 벌어질까요?

-------------------------------------------------------------------

-------------------------------------------------------------------

-------------------------------------------------------------------

## 내 인생의 명대사 만들기

**셰익스피어**  저는 수많은 희곡을 썼습니다. 그중 명대사로 꼽혀 여전히 기억되고 있는 것들이 있죠. "죽느냐 사느냐, 그것이 문제로다." 같은 대사 말입니다. 여러분도 인생의 명대사가 있나요? 내가 내뱉은 말이지만 스스로가 생각해도 이 말 참 좋네, 라고 생각되는 그런 말이요. 혹은 누군가가 한 말인데, 그 말이 명대사처럼 오랫동안 기억에 남는 일도 있을 것입니다. 아니면, 책을 읽다가 밑줄을 그었던 문장일 수도 있겠지요. 그런 문장들은 우리의 마음에 깊이 새겨져, 때때로 우리에게 큰 힘과 영감을 주기도 합니다. 이번 시간에는 여러분의 인생을 대표하는 명대사를 만들어보는 시간을 가져보려 합니다. 그동안 여러분이 경험한 소중한 순간들을 바탕으로, 자신만의 명대사를 창조해 보는 것입니다. 여러분은 단순히 멋진 문장을 만드는 것을 넘어, 자신의 삶을 돌아보고, 그 속에서 발견한 소중한 가치를 표현하는 법을 배우게 될 것입니다. 자, 이제 우리 함께 멋진 명대사를 만들어볼까요?

1. 셰익스피어의 명대사, "죽느냐 사느냐, 그것이 문제로다." 처럼 인생의 중요한 순간을 떠올려보세요. 여러분의 인생에서 가장 기억에 남는 순간은 무엇인가요? 그 순간이 왜 중요한지, 그리고 그때 느꼈던 감정과 생각을 자세히 적어보세요.

-------------------------------------------------------------

-------------------------------------------------------------

2. 위에서 떠올린 중요한 순간을 바탕으로, 그 순간이 여러분에게 주는 교훈이나 메시지는 무엇이었나요? 이 메시지를 한 문장으로 정리해보세요. 이 문장이 여러분의 명대사의 핵심이 될 거예요.

-------------------------------------------------------------

-------------------------------------------------------------

3. 셰익스피어의 대사처럼 강렬한 인상을 남기기 위해 비유와 상징을 사용해보세요. 예를 들어, "인생은 마치 __와 같다." 혹은 "__처럼 내 마음에 새겨졌다."와 같이 같이 자신의 경험을 비유와 상징으로 표현해 보세요.

-------------------------------------------------------------

-------------------------------------------------------------

4. 이제 여러분의 명대사를 초고 형태로 작성해보세요. 그리고 최종 명대사를 완성해보세요.

-------------------------------------------------------------

## 셰익스피어처럼 단어제조기 되기

셰익스피어는 정말 대단한 작가예요! 셰익스피어는 언어를 마치 마법을 부리는 것처럼 다루었어요. 그래서 언어 마법사라는 별명을 얻었지요. 그가 만들어낸 단어들은 정말 다양하고 흥미로워요! 셰익스피어는 영어로 수많은 새로운 단어와 표현을 만든 작가로 유명해요. 그가 만들어낸 단어들을 살펴볼까요?

Break the ice 서먹한 분위기를 깨다

Green-eyed monster 질투

In a pickle 곤경에 처하다

Dead as a door nail 완전히 죽은

Dewdrop 이슬방울

Honey-tongued 감언이설하는

Ladybird 무당벌레

여기서 잠깐!

셰익스피어가 만든 가장 긴 단어는 'honorificabilitudinitatibus'에요! 라틴어로 '아주 명예로운'이라는 뜻이죠. 『사랑의 헛수고』라는 작품에 나오죠.

우리도 셰익스피어처럼 멋진 신조어를 만들어서 친구들 사이에서 '핵인싸'가 되어볼까요? 신조어란, 새롭게 만들어진 단어나 표현을 말해요. 주로 젊은이들 사이에서 유행하며, 재미있고 신선한 느낌을 주죠. 예를 들어, '셀카'는 '셀프 카메라'의 줄임말로, 자신을 찍는 사진을 의미하는 신조어예요.

이제, 여러분도 직접 신조어를 만들어볼 시간이에요! 아래의 방법을 참고해서 여러분만의 특별한 신조어를 만들어보세요.

예시    신조어 만드는 방법

1. 단어 합성하기: 두 개 이상의 단어를 합쳐서 새로운 단어를 만들어보세요.

  ex  '핵인싸' (핵 + 인싸)

2. 줄임말 만들기: 길거나 복잡한 단어를 짧게 줄여보세요.

  ex  '노잼' (노 + 재미)

3. 의미 변화시키기: 기존 단어에 새로운 의미를 부여해보세요.

  ex  '밥심' (밥을 먹고 나오는 힘)

# 연습: 명대사 창조하기, 단어제조기 되어보기, 시인이 되어보기, 연극 작품 창작하기

셰익스피어처럼 창의적으로 단어를 만들어보는 건 정말 재미있는 일이에요. 새로운 단어를 만드는 과정에서 여러분의 상상력과 창의력이 쑥쑥 자라날 거예요. 여러분의 신조어가 유행하면, 여러분도 친구들 사이에서 '핵인싸'가 될 수 있어요! 친구들과 함께 신조어를 만들어보면 더 재미있겠죠? 신조어로 친구들과 즐거운 시간을 보내세요! 신조어를 사용하면 평범한 대화도 더 재미있고 신나게 만들 수 있어요. 여러분의 신조어가 학교에서 유행하면, 정말 뿌듯하고 자랑스러울 거예요. Let's go, 단어 제조기! 여러분의 멋진 신조어로 친구들과 더 가까워지고, 즐거운 학교생활을 만들어보세요!

**문제** 이제 여러분 차례예요! 다음 빈칸을 채워서 새로운 신조어를 만들어보세요. 친구들과 함께 사용해보면서 얼마나 재미있고 유용한지 확인해보세요.

## 1.

신조어:

_____

_____

뜻:

_____

_____

예문:

_____

_____

## 2.

신조어:

_____

_____

뜻:

_____

_____

예문:

_____

_____

ex  1. 신조어: 웃프다

뜻: 웃기지만 슬픈 상황

예문: "영화 정말 웃펐어. 웃기기도 하고, 마지막엔 눈물도 났어."

2. 신조어: 삼귀다

뜻: 사귀기 전 단계

예문: "우리는 아직 삼귀는 단계야."

## 셰익스피어처럼 시인이 되어보기

우리는 사랑을 하면 누구나 시인이 됩니다. 사랑은 우리의 창의성을 극대화 시킵니다. 사랑하는 이를 위해 무엇이든 할 수 있을 것 같은 기분이 들고, 그 감정을 표현하기 위해 새로운 방법을 찾게 됩니다. 이 과정에서 시적인 영감이 떠오르고, 평소에는 생각지 못했던 창의적인 표현이 가능해집니다. 시는 이런 창의적인 표현의 하나로, 사랑의 감정을 더욱 생생하고 아름답게 전달하는 도구가 됩니다.

셰익스피어의 언어는 시적이기도 하지요. '인간은 만물의 영장'이라는 문장은 참 아름답기까지 합니다. 셰익스피어의 언어는 단순히 이야기를 전달하는 것을 넘어, 독자와 청중에게 깊은 감동과 통찰을 주며, 그의 시대를 넘어 현대까지 영향을 미치고 있습니다.

윌리엄 셰익스피어는 총 154개의 소네트를 썼습니다. 소네트의 뜻은 '14행의 짧은 시로 이루어진 서양 시가'입니다. 이 소네트들은 주로 사랑, 시간, 아름다움, 그리고 죽음과 같은 주제를 다루고 있습니다. 셰익스피어의 소네트는 1609년에 처음 출판되었으며, 그의 가장 중요한 시 작품 중 하나로 간주됩니다.

셰익스피어의 소네트 중 가장 인기 있는 사랑 시는 단연 셰익스피어 소네트 18번인 '내 그대를 여름날에 비할까요?'일 것입니다. 사랑하는 여인을 아름다운 봄날에 비유한 시이죠. 그중 한 구절을 소개할게요.

**"지친 바람이 오월의 사랑스러운 봉우리를 흔들고 우리에게 허락된 여름은 짧기만 합니다."**

윌리엄 셰익스피어의 소네트는 14행으로 구성되어 있으며, abab cdcd efef gg의 운율 구조로 되어 있습니다.

예시 사랑을 주제로 셰익스피어 소네트 구조로 시를 써보세요.
여러분이 기억하는 사랑의 추억을 떠올려보세요.

**제목: 첫사랑의 기억**

a. 첫눈에 반한 그날의 순간,
b. 두근거림이 멈추지 않던 밤

a. 서로의 눈빛 속에 숨겨진 말
b. 사랑의 시작, 아름다운 감

c. 손끝에 닿는 따스한 온기
d. 마음을 울리는 사랑의 노래

c. 함께 나눈 수많은 이야기
d. 영원히 기억될 소중한 추억

e. 시간이 흘러도 변치 않을
f. 우리만의 소중한 약속들

e. 그때의 감정을 잊지 않을
f. 사랑의 기쁨, 영원히 간직해

g. 이 소네트는 우리의 사랑
g. 첫사랑의 기억, 영원히 빛나

# 연습: 명대사 창조하기, 단어제조기 되어보기, 시인이 되어보기, 연극 작품 창작하기

**문제** 여러분도 이 구조로 시를 써볼까요? 다음 질문에 따라 시를 작성해보세요.

**1.**

제목:

......................................................................................................

**2.**

a.

......................................................................................................

b.

......................................................................................................

a.

......................................................................................................

b.

......................................................................................................

c.

......................................................................................................

d.

......................................................................................................

c.

......................................................................................................

d.

......................................................................................................

e.

......................................................................................................

f.

......................................................................................................

e.

......................................................................................................

f.

......................................................................................................

g.

......................................................................................................

g.

......................................................................................................

# 셰익스피어처럼 연극 작품 창작하기

여러분, 연극을 보신 적 있나요? 학교에서나 교회에서 연극을 해보셨을 수도 있겠네요. 연극 공연을 올리기 위한 목적으로 쓴 글을 '연극 대본' 혹은 '희곡'이라고 합니다. 좋은 연극이 무대에 올라가기 위해 가장 중요한 것이 무엇일까요? 소품? 의상? 배우? 저는 희곡이 가장 중요하다고 생각합니다. 연극이 무대에서 생동감 있게 펼쳐지기 위해서는 탄탄한 이야기 구조와 잘 짜인 대사가 필요합니다. 희곡의 3요소는 해설, 대사, 지문입니다. 해설에는 무대 장치, 등장인물, 시간, 장소 등이 포함됩니다. 대사에는 대화, 독백, 방백이 포함됩니다. 지문은 인물의 동작이나 표정, 또는 속마음을 표현하기 위해 쓰입니다.

**용어 설명**

▷독백: 등장인물이 혼자서 하는 말.

▷방백: 배우가 관객에게 자신의 속마음이나 특정 상황에 관한 생각을 전달하기 위해 하는 독백. 방백은 무대 위 다른 배우들이 듣지 못하는 것으로 간주하며, 주로 관객에게 직접 이야기하는 형식으로 이루어진다. 이를 통해 관객은 캐릭터의 속마음을 더 깊이 이해할 수 있다.

셰익스피어의 『로미오와 줄리엣』에서 가장 유명한 대사 중 하나는 줄리엣이 발코니 장면에서 말하는 "오, 로미오, 로미오! 왜 그대는 로미오인가요?"입니다. 이 대사가 나오는 구절을 포함한 소설 지문은 이렇습니다.

한밤중, 베로나의 고요한 거리 위로 은빛 달빛이 비치고 있었다. 카풀렛 가문의 정원은 향긋한 장미꽃이 만발해 있었다. 로미오는 그 향기에 취한 듯, 높은 벽을 타고 조심스럽게 기어올랐다. 그의 눈은 정원 한가운데 서 있는 웅장한 저택의 발코니를 향하고 있었다. 발코니에는 그의 사랑, 줄리엣이 서 있었다. 그녀는 달빛에 비친 천사의 모습처럼 아름다웠다. 줄리엣은 깊은 생각에 잠긴 듯, 별이 가득한 하늘을 바라보며 속삭였다.

"오, 로미오, 로미오! 왜 그대는 로미오인가요? 그대의 아버지를 부정하고 그 이름을 버리세요. 혹은 그렇지 않다면, 내 사랑의 맹세를 위해 그대가 그 이름을 버린다면, 나는 더 이상 카풀렛이 아니어도 좋아요."

그녀의 목소리는 슬픔과 절망이 깃들어 있었지만, 사랑의 강렬함도 함께 묻어났다. 로미오는 줄리엣의 말에 깊이 감동하며, 조용히 속삭였다.

"더 듣거나 말할까?"

그러나 그의 마음은 이미 결정을 내렸다. 그는 줄리엣을 향해 한 발자국 더 다가갔다.

"내 사랑스러운 줄리엣."

로미오는 낮은 목소리로 외쳤다.

"그 이름이 뭐가 중요하겠어요? 그대가 원한다면, 나는 로미오가 아닌 다른 누군가가 되겠어요."

줄리엣은 놀란 듯 고개를 돌려 발코니 아래를 바라보았다.

"그 목소리는… 로미오, 당신인가요?"

그녀의 두 눈은 사랑과 걱정으로 빛나고 있었다. 로미오는 벽을 타고 올라 발코니 가까이에 다가갔다.

"네, 사랑하는 줄리엣, 바로 나예요. 나의 사랑을 증명하기 위해 이곳에 왔어요. 당신이 원한다면, 나는 내 이름을 버릴게요. 우리의 사랑이 이름에 얽매이지 않도록."

줄리엣은 눈물을 글썽이며 미소 지었다.

"오, 로미오, 우리 운명이 이렇게 가혹해야만 하나요? 하지만 당신이 있다면, 나는 모든 것을 이겨낼 수 있을 거예요."

그렇게 두 사람은 발코니에서 서로의 사랑을 확인하며, 밤이 깊도록 이야기를 나누었다. 그들의 사랑은 비록 비극적인 운명을 향해 나아가고 있었지만, 그 순간만큼은 누구보다도 행복하고 순수했다.

**문제**  위에서 설명한 내용을 토대로 아래의 빈칸을 채워보세요. 한 편의 희곡이 완성될 거예요.

제목: 로미오와 줄리엣

등장인물: 로미오, ①(            )

무대: 베로나의 카풀렛 가문의 정원. 중앙에 웅장한 저택이 서 있고, 그 저택에는 발코니가 있다. 정원에는 만발한 장미꽃이 피어 있고, 은빛 달빛이 정원을 부드럽게 비춘다.

장소: 베로나, 카풀렛 가문의 정원

때: ②(            )

[무대 조명은 은빛 달빛을 연출하며, 정원과 저택을 부드럽게 비춘다. 발코니 위에는 줄리엣이 서 있고, 로미오는 정원 벽을 타고 올라가고 있다.]

줄리엣: (깊은 생각에 잠긴 듯, 별이 가득한 하늘을 바라보며 속삭인다.) ③
........................................................................................................

........................................................................................................

[줄리엣의 목소리는 슬픔과 절망이 깃들어 있지만, 사랑의 강렬함도 함께 묻어 있다.]

로미오: (조용히 방백) 더 듣거나 말할까?

[로미오는 결심한 듯 줄리엣을 향해 한 발자국 더 다가선다.]

로미오: (낮은 목소리로 외친다.) ④
........................................................................................................

........................................................................................................

[줄리엣은 놀란 듯 고개를 돌려 발코니 아래를 바라본다.]

줄리엣: 그 목소리는… 로미오, 당신인가요?

[그녀의 두 눈은 사랑과 걱정으로 빛나고 있다.]

로미오: ⑤(                                                  ) 네, 사랑하는 줄리엣, 바로 나예요. 나의 사랑을

　　　증명하기 위해 이곳에 왔어요. 당신이 원한다면, 나는 내 이름을 버릴게요. 우리의 사랑이

　　　이름에 얽매이지 않도록.


[줄리엣은 눈물을 글썽이며 미소 짓는다.]


줄리엣: 오, 로미오, 우리 운명이 이렇게 가혹해야만 하나요? 하지만 당신이 있다면, 나는 모든 것을

　　　이겨낼 수 있을 거예요.


[두 사람은 발코니에서 서로의 사랑을 확인하며, 밤이 깊도록 이야기를 나눈다. 조명이 점차 어두워

지며, 그들의 모습이 은은하게 빛난다.]


정답 ① 줄리엣
　　② 한밤중
　　③ 오, 로미오, 로미오! 왜 그대는 로미오인가요? 그대의 아버지를 부정하고 그 이름을 버리세요. 혹은 그렇지 않다면, 내 사랑
　　　의 맹세를 위해 그대가 그 이름을 버린다면, 나는 더 이상 카풀렛이 아니어도 좋아요.
　　④ 내 사랑스러운 줄리엣. 그 이름이 뭐가 중요하겠어요? 그대가 원한다면, 나는 로미오가 아닌 다른 누군가가 되겠어요.
　　⑤ 벽을 타고 올라 발코니 가까이에 다가가며

**문제 1**   여러분이 만든 명대사로 한 편의 희곡을 자유롭게 완성해보세요.

**1. 제목:**

**2. 등장인물:**
① 
② 
③ 
④ 

**3. 장면1**

**4. 장면2**

**문제 2**  여러분이 만든 신조어를 사용하여 희곡을 완성해보세요. 아래는 희곡의 기본 구조
입니다. 빈칸을 채워보세요.

1. 제목: 신조어 경연 대회

2. 등장인물:
   ① 미래 - 신조어에 관심이 많은 학생
   ② 지훈 - 학교 신조어 대회 준비 중인 학생
   ③ 소연 - 창의적인 아이디어가 많은 학생
   ④ 선생님 - 신조어 대회의 심사위원

3. 장면1: 학교 교실
   (미래, 지훈, 소연이 교실에서 신조어 대회 준비를 하고 있다. 선생님이 들어온다.)

   미래: "얘들아, 신조어 대회가 곧 열리잖아. '＿＿＿＿＿＿＿＿'는 정말 핫한 신조어야. 우리가 대
   회에서 잘 사용해야 해!"

   지훈: "맞아! '＿＿＿＿＿＿'는 ＿＿＿＿＿＿＿ 할 때 쓰는 말이고, '＿＿＿＿＿＿'는
   ＿＿＿＿＿＿ 할 때 쓰는 표현이잖아. 이걸 잘 활용하면 좋을 거야."

   소연: "그리고 우리가 만든 새로운 신조어도 대회에서 소개하면 좋겠어. 예를 들어,
   '＿＿＿＿＿＿'는 ＿＿＿＿＿＿ 한 상황에서 사용할 수 있는 말이야!"

   선생님: (교실에 들어오며) "안녕하세요, 여러분! 신조어 대회가 다가오고 있군요. 여러분의 아
   이디어를 들어보고 싶어요. 신조어와 관련된 흥미로운 내용이 있다면 발표해 주세요."

7    셰익스피어와 함께 하는 창의적인 글쓰기      + 125

# 세계를 무대로:
# 셰익스피어가
# 우리에게 남긴 지혜

**셰익스피어** 저는 작품에서 인생과 인간 본성에 대한 깊은 통찰을 제공하는 명대사들을 남겼습니다. 저의 대사들은 수 세기 동안 사람들에게 영향을 미쳐왔으며, 현대에도 여전히 큰 의미를 지니고 있습니다.

다음 명대사를 읽고 내가 생각한 한 줄 의미를 써보세요.

『뜻대로 하세요』

## "시간은 사람에 따라 다르게 흘러."

시간을 측정하는 방식에는 두 가지가 있습니다. 하나는 크로노스이고, 다른 하나는 카이로스입니다. 크로노스는 우리가 일반적으로 알고 있는 시간의 흐름입니다. 시계가 째깍째깍하는 소리가 바로 크로노스를 나타냅니다. 이 시간은 모두에게 동일하게 흐르고, 객관적입니다. 즉, 크로노스는 매초 매분 같은 속도로 지나가며, 누구에게나 동일한 양의 시간을 제공합니다. 반면, 카이로스는 개인의 주관적인 시간 경험을 말합니다. 카이로스는 우리가 즐거운 활동을 하거나, 사랑하는 사람과 함께 할 때처럼 시간이 빠르게 느껴질 수 있습니다. 반대로, 지루하거나 단조로운 순간에는 시간이 느리게 가는 듯한 느낌을 받기도 합니다. 예를 들어, 좋아하는 일을 하거나 흥미진진한 경험을 할 때는 시간이 어떻게 지나가는지 모를 정도로 빠르게 지나가는 반면, 지루한 일을 할 때는 시간이 천천히 흐르는 것처럼 느껴질 수 있습니다.

▶

문제 2    다음 명대사를 읽고 내가 생각한 한 줄 의미를 써보세요.

『로미오와 줄리엣』 제2막 제3장 대사

**"현명하고 신중하게 하거라. 급하게 뛰어가는 자는 넘어지게 마련이다."**

조급하게 행동하면 실수하거나 실패할 가능성이 큽니다. 즉, 너무 서두르면 충분히 고려하지 못한 채 무리하게 행동할 수 있으며, 이로 인해 뜻하지 않은 문제에 직면할 수 있습니다. 일이나 상황에 대해 깊이 고민하고, 신중하게 행동하는 것이 중요합니다. 단순히 직관이나 감정에 따라 즉흥적으로 행동하기보다는, 상황을 잘 이해하고 계획을 세운 후 신중하게 결정하는 것이 바람직합니다.

▶

--------------------------------------------------

--------------------------------------------------

문제 3 다음 명대사를 읽고 내가 생각한 한 줄 의미를 써보세요.

『뜻대로 하세요』 제2막 제1장

**"역경에 부딪혀 강해지면 복이 된다."**

어려운 상황이나 시련을 겪으면서 개인이 성장하고 강해지면, 그 과정이 결국에는 긍정적인 결과를 가져옵니다. 다시 말해, 인생에서 마주치는 힘든 시기나 도전은 우리를 더 강하고 지혜로운 사람으로 만들며, 이러한 성장은 장기적으로 보았을 때 우리의 삶에 축복이 될 수 있습니다. 시련이나 역경은 단순히 고통스러운 것이 아니라, 성장과 변화를 위한 중요한 과정으로 여겨질 수 있습니다.

▶

-----------------------------------------------------------------------

-----------------------------------------------------------------------

# 창의적인 아이디어 발상하기

**셰익스피어** 저 역시 창의적인 아이디어 발상법으로 수많은 작품을 썼습니다. 저는 새로운 단어를 만들거나 기존 단어의 의미를 확장하여 독창적인 표현을 창출했습니다. 약 1,700개의 새로운 단어와 표현을 영어에 도입하였고, 작품에서 창의적이고 기발한 언어 사용을 통해 감정과 사상을 효과적으로 전달했습니다.

## '만약 ~라면?' 활용하기

특정 문제나 상황에 대해 '만약 ~라면'이라는 가상의 조건을 설정하고, 그 조건에서 어떻게 문제를 해결할지 아이디어를 모색합니다.

**문제 1**  다음 예문을 읽고 창의적으로 생각해보기

> ### 만약 학교에 로봇 선생님이 온다면?
>
> 갑자기 학교에 로봇 선생님이 오게 되었습니다. 이 로봇 선생님은 모든 과목을 가르칠 수 있지만, 어떤 것들은 아직 잘 모를 수도 있습니다. 로봇 선생님이 학교에 오게 되면, 어떤 문제들이 생길 수 있을까요? 그리고 이 문제들을 어떻게 해결할 수 있을까요?

**1.** 문제점을 작성해보세요.

-------------------------------------------------

-------------------------------------------------

**2.** 해결 방법을 찾아보세요.

-------------------------------------------------

-------------------------------------------------

문제 2 다음 예문을 읽고 창의적으로 생각해보세요.

만약 나만의 학교를 만들 수 있다면?

여러분이 원하는 대로 학교를 만들 기회가 주어졌습니다. 이 학교는 여러분이 상상하는 대로 디자인할 수 있습니다. 나만의 학교를 만든다면, 어떤 과목과 활동이 있을까요? 학교의 모습은 어떻게 될까요?

1. 어떤 과목과 활동이 있을까요? 과목과 활동을 적고 이유를 설명해보세요.

---------------------------------------------------------------

---------------------------------------------------------------

2. 학교의 모습은 어떨까요? 나만의 학교를 상상하고, 상상한 모습을 설명해보세요.

---------------------------------------------------------------

---------------------------------------------------------------

## 무작위로 단어 연결해보기

무작위로 선택한 단어와 현재의 문제를 연결하여 새로운 아이디어를 발상하는 방법입니다. 무작위 단어를 선택한 후, 이 단어와 문제를 연결하여 아이디어를 발전시킵니다. 예를 들어, '나무'와 '자동차'라는 단어를 연결해보고, 이를 통해 새로운 자동차 디자인 아이디어를 구상합니다.

**문제 1**  다음 단어 중에서 3개의 단어를 선택해보세요. 각 단어는 여러분이 이야기에서 사용해야 할 중요한 요소가 됩니다.

공룡    우주    마법    바다    로봇    정원    축제    미로

**1.** 3개의 단어를 선택하세요.

.............................................................................................................................

**2.** 선택한 단어들을 포함하여 한 편의 짧은 이야기를 만들어보세요. 이야기에는 모든 선택한 단어들이 포함되어야 합니다.

.............................................................................................................................

.............................................................................................................................

.............................................................................................................................

.............................................................................................................................

문제 2   다음 단어 중에서 3개의 단어를 선택해보세요. 각 단어는 여러분이 이야기에서 사용해야 할 중요한 요소가 됩니다.

드래곤   공원   비밀   카메라   산책   유령   풍선   마법사

1. 3개의 단어를 선택하세요.

---

2. 선택한 단어들을 포함하여 한 편의 짧은 이야기를 만들어보세요.
   이야기에는 모든 선택한 단어들이 포함되어야 합니다.

---

---

---

---

---